JN410563

시가 있는 산책

이 향 섭

책펴냄열린시

이향섭 시인 약력

원산 농업대학 재학 중 월남, 이화여자대학교 국어국문과 졸업. 《문예사조》 신인상으로 등단.

시집으로 『걸어온 길목에 서서』, 『풀꽃 따들고』, 『시가 있는 산책』 이 있음.

011-205-7195

이향섭 시집

시가 있는 산책

지은이 이향섭
펴낸이 최명자

펴낸곳 책펴냄열린시
주　소 부산광역시 중구 중앙동 3가 14-1번지
전　화 051-464-8716
출판등록번호 제 02-01-256호
출판등록일 1991년 2월 4일

인쇄일 1판 1쇄 2013년 5월 12일
발행일 1판 1쇄 2013년 5월 15일

값 8,000 원

ISBN 978-89-87458-78-6 03810

시가 있는 산책

그대 있기에
혼자 있어도 사진첩을 들추지 않는 뜻은
바람을 불러 들여 춤추게 하고
별빛을 안겨주어
낮과 밤의 조화를 일깨운다
…
〈본문 중에서〉

■자서

시에 산문을 곁들여 보았다.

시가 달이라면 산문은 구름이다.

구름이 달을 가려서도 안 되고 그렇다고 구름이 달을 떠나버린다면 감칠맛이 나지 않는다. 구름과 달이 적당히 어울려 함께 교감을 나눠야 한다. 구름 속에 달이 반쯤 보이는 게 좋을 것 같다.

그 맛이 우리네 풍류 아닌가.

시는 하나의 풍류가 되어야 하고 풍류는 우리 한민족이 지녀온 멋이 아닌가. 시가 가진 의미를 산문이 좀 더 깊게 만들어 줄 것을 꿈꿔 본다. 내가 만나는 풍경들과 추억 속의 풍경을 담아 보았다.

2013년 4월

제 1 부

제 2 부

제 3 부

제 1 부

겨울 바닷가

광안리 겨울을 찾았다
유럽풍으로 차려입은 찻집에서
바다와 눈을 맞춘다

한적한 모래밭에는
물새 발자국이 만져진다
파도를 끌고 나는 갈매기떼
나래짓이 하늘을 부순다

구름 한 폭 끌어다 돛대 세우고
수평선 끌어안던 어제
밀려오는 파도의 넋두리가
해변을 너스레로 출렁거렸다

팔짱 낀 연인들이
물새 발자국을
지우지나 않았을까

바람이 마음을 졸인다
빈 잔 속에 고이는 시간들
젖어드는 마음을 추스르며
찻집을 나선다
눈 끝에 바람이 차다

겨울 바다가 보고 싶어 광안리로 가는 버스를 탔다. 길 가에는 행인들이 많이 보이지는 않는다. 분주한 것은 주유소 하늘 밑에서 곡예하는 바람개비들이다. 기름 냄새를 타고 잘도 돌아간다.

자동차에서 쏟아져 나오는 가스에 질식되어서 몸부림이 한창이다. 나도 멀미 때문에 일어설 때마다 비틀대는 바람개비가 된다. 너도 돌고 나도 돈다. 세상이 모두 돈다.

창

그대 있기에
혼자 있어도 사진첩을 들추지 않는 뜻은
바람을 불러 들여 춤추게 하고
별빛을 안겨주어
낮과 밤의 조화를 일깨운다

빛을 깔아 꽃과 새들을 보여 주고
주선해 준다
그림을, 시를, 노래를 주워
식탁에서 벗어날 수 있는
청명한 구실을 만든다

그대는 찬란한 자리에
계절의 힘을 끌어다 영글게 하고
한껏 꿈을 즐길 수 있게 해 준다

그대 투명한 영혼에 허리 펴
푸른 입맞춤 보낸다

아침 일찍 일어나 창을 연다. 상쾌한 바람이 내 안에 확 안겨온다. 아무 것도 두려울 것 없는 이 찰나 아침을 창으로 안을 수 있는 이 행복을 무엇으로 바꿀 수 있을까.

하늘은 모두 내 것이다. 창 안의 아늑한 내 공간, 창밖의 찬란한 우주, 청명한 하늘 빛 위로 미끄러지듯 흐르는 구름이 이 나이가 되어도 잊히지 않은 꿈을 구름의 흰 살에 실어 높이 띄워본다.

맑게 닦은 창으로 어머니 얼굴이 살며시 다가온다.

시가 있는 산책

안개비 걷힌 틈 사이로
하늘이 나를 보고 손짓한다
하던 일 멈추고 산책길에 나선다
들꽃이 길섶에서 하얗게 인사한다
금방 세수한 얼굴이다
어느 별에서 왔을까
오소소 모여앉아 어린왕자를 읽고 있다

누가 흘린 손수건인가
보랏빛으로 웃고 있다
살랑바람을 타고 와 흔들린다
발걸음 옮기니 제비꽃이다

하늘에다 음을 푸는 지휘자의 연미복
발아래 초롱초롱 눈을 뜬 보랏빛 새
초원에 이슬 한 방울 눈웃음에 구른다

세월이 흐를수록 주변에 보이는 소소하고 작은 것들이 아름다워 보인다. 내가 바쁘고 힘에 겨울 때는 그런 것들이 하찮아 보이고 거추장스럽더니 이제는 그런 것에도 생명이란 것이 있어 꽃을 피우고 나를 향해 웃어주는 느낌을 갖게 된다.

김춘수 시인의 내가 이름을 불러 주었을 때 그는 내게로 와서 꽃이 되었다는 의미가 새삼 내 가슴에 박혀져 오는 때다.

작은 풀꽃들의 눈웃음이 보이고 그들의 작은 춤이 나를 유혹하는 것 까지 알 수 있다. 내가 참 자랑스러우면서 행복하다는 걸 그들로 인해서 느낀다.

나는 작은 것에 빠집니다. 작고 귀여운 것들에 마음을 쉽게 빠지는 것이지요. 제비꽃은 몸체가 크지 않습니다. 아주 자그마한 꽃이 똑 부러지게 생겼습니다. 뜯어보면 볼수록 아기자기한 세상이 숨어 있습니다. 모양 뿐 아니라 색감도 가지가지 느낌을 가져다 줍니다. 세상은 크고 높은 것에 주목합니다. 그것은 아름답지는 않습니다. 작고 볼품없는 것들에 숨어 있는 아름다움이야말로 진정한 아름다움이 아닐까 합니다.

사월의 아이들

사월을 끌고 온 아지랑이가
물 오른 아이들을 불러냅니다.
달래 냉이 씀바귀 이름 모를 풀들이
함께 불려 나옵니다.
지천으로 깔려 있는 봄 속으로
새싹을 눈에 넣은 아이는
온 몸이 파랗게 물이 듭니다.

소치는 아이는 보이지 않아도
진달래 한 아름 꺾어든 아이는
등 뒤에서 숨을 죽입니다.
나물 캐는 소녀의 머리에 나비 한 마리
사월의 아이는
노란 민들레로 다시 피어납니다.

나는 화가가 아닙니다. 그림을 잘 그리지도 못합니다.

그림을 좋아하기에 혼자서 그림 산책을 자주합니다. 그림에 담겨있는 이야기를 듣노라면 오랜 시간을 보내기도 합니다.

그림 속의 이야기와 이야기 속의 그림 그 속에 빠져들기도 합니다. 화가가 되었으면 합니다. 사진작가가 되었으면 합니다. 오늘도 봄을 담고 싶어 캔버스 하나 들고 사월의 뜰을 찾아 나섭니다.

바구니 속 냉이가 도란거립니다. 밥상이 생각납니다.
사월의 아이와 집으로 갑니다.
정갈하게 손을 본 나물들이 부엌에 가득합니다.
된장찌개가 보글보글 끓고 있습니다.
달래무침이 입맛을 당깁니다.
수저 드는 소리가 방안에 정을 불어 넣습니다.
봄나물로 행복한 상차림이 되었습니다.
들녘 하늘도 파랗게 물이 듭니다.

오월의 신록

진초록 五月이면 나도 또한 물이 든다
풀밭에 드러누워 산자락 따라가면
구름도 초록옷 입고 산자락을 넘는다

5月이 퍼득이면 푸른 숨결이 일렁이며 살아납니다. 온 들녘은 신록으로 가득 차 힘찬 싱그러움으로 세상을 바꿉니다.

이 푸르름 속을 걸어가다 보면 내 젊은 날의 노래가 귀를 열어줍니다. 그 노래 속을 한 소절 한 소절 맞추어 가다보면 그 곳에는 내 어린 시절이 서 있습니다.

5月의 신록에는 젊은 날의 추억이 뚝뚝 떨어져서 내 주름진 이마 위를 파랗게 물들입니다.

제야의 종

하나 둘 낙엽 지는 늦가을 깊은 밤에
갈대의 굽은 허리로 갈대자릴 엮는다면
나는야
굽은 허리로 무슨 자릴 엮을까

허허 벌판에 혼자서 제야의 종을 칩니다. 무릎 꿇고 손 모아서 눈을 감습니다. 눈 밖으로 떠 있는 밤하늘의 별을 삼켜봅니다. 마음에 별빛이 살아 피었다 꺼졌다 강물 따라 수군댑니다.

서까래에 걸쳐진 지붕에 가려 보이지 않던 세월들이 어머니 눈빛으로 가득히 빛살로 남습니다. 가지 끝에 걸어둔 씨앗들이 움트기를 하늘은 우러렀습니다. 이제는 돌아와 빈 가슴으로 껍데기로 서있습니다.

올해를 보내는 아쉬움에 그 속을 걸으며 그림자만 더 듬습니다. 나이테 속에 줄어드는 키에 눌려서 비틀대는 어지러움 접으며 꿇었던 다리를 풀어서 그래도 내일로 출렁이는 햇빛을 붙들려고 높이 발돋움합니다.

청사포에서

안개 낀 갯벌 가득
물개가 앉아있다
파도가 물보라를 만들 때마다
새까맣게 뒤뚱거린다
손짓하며 금방이라도
길 위로 걸어 나올 듯
모두가 뭍 쪽을 바라보고 있다

한 자리만 고집한 탓일까
이끼가 등을 덮고 있다
청사포, 청사포
저 만치에서 비바리 춤사위가 시작된다
폐활량만큼이나 긴 한숨
휘파람으로 파도를 탄다
숨 쉬는 희뿌연 물안개 안고
나도 한 마리 바위가 된다

오늘은 글동무들과 함께 청사포에 갔다. 작은 차에 몸을 싣고 우리는 즐거운 마음이다. 가는 길에 꽃으로 꾸며진 찻집이 있다기에 꽃을 좋아하는 나를 데리고 그 곳을 거쳐서 간다고 한다. 올라가는 계단부터 꽃이 흐드러지게 피어있다. 아름다운 찻집인지 꽃집인지 분간이 안된다. 이름을 알 수 없는 꽃들도 많이 있었다. 가꾼 솜씨가 보통 분은 아닌 것 같다. 향기로운 차를 마시며 우리의 이야기는 절로 아름다워질 수밖에 없다. 고운 마음으로 고운 이야기를 주고받으니 온통 세상이 꽃이다. 이런 고운 세상을 꿈꾸고 싶다. 차향에 취하고 꽃향에 취하고 차를 마시는지 꽃을 마시는지 가늠이 안된다. 이럴 때 창밖에 눈이라도 내려준다면 얼마나 좋을까. 찻값을 치르면서 문득 이 지폐도 꽃으로 되었으면 하는 생각을 한다. 밖으로 나오니 눈 같은 구름이 청사포로 가고 있다. 우리도 구름따라 달린다. 푸른 하늘과 바다가 맞닿아 있다. 물 빠진 해안에는 청태를 둘러 쓴 바위들이 뭍을 향해 기어오르는 물개들처럼 등짝이 몹시도 부드럽다.

흘러간 연가

떠도는 새털구름 한 자락을 필로 떠서
미리내 맑은 물에 정갈하게 헹군 다음
못 다한
님의 노래로 밤새 수를 뜨겠네

아지랑이 피는 속으로 아득한 시간을 탄 노래를 듣습니다. 바람에 흘러드는 그리움이 파란 물감으로 번집니다. 하늘 안에 손을 길게 내밀며 구름 한 자락이 손마디에 걸려옵니다.

따스한 정이 쥐어질 때 이슬 한 방울 눈시울에 색동저고리 입은 무지개로 섭니다. 꽃잎 주워서 빈 바구니 속에 가득 채워 넣습니다. 흘러간 메아리 뒤돌아보며 오던 길을 다시 걸어갑니다. 걸음에 묻어오는 하얀 별이 따라옵니다. 그러나 아무리 더듬어도 별은 없습니다. 모시적삼 소매 같은 낮달이 하늘을 걸어갑니다.

아득히 건너오는 추억이 광주리에 마른 꽃이고 풀각시

로 걸어옵니다. 언덕바지에 할미꽃 한 송이가 고개 숙이고 세월에 젖습니다. 그리움이 있어 봄이 황홀해 집니다.

강물을 뒤로 하고

이 한 줌 고운 도움 강심에 내려놓고
일천 굽이 걸어온 길에 발자국 더듬다가
하늘을
우러러 보면 하늘빛도 물이더라

눈물을 뿌려 강물에 섞습니다. 이별이 가라앉아있는 강바닥에는 갈대만 하얗게 뼈대로 서서 깊은 곳에서 허우적대고 있습니다. 뿌리는 뱃전에 기울고 집터를 돌아보니 물안개가 짙습니다.

반생을 살아 키를 세워 온 늪을 뒤로 하고서 빌딩 높은 하늘에 을씬대는 숲을 헤쳐갑니다. 얼굴을 들고 사방 동서남북을 바라봅니다.

강물도 한숨과 눈물을 감추지 못하고 크게 웁니다.

하얀 기도

어제 핀 목련꽃이 집니다
밤 새워
가로등이 잠을 빼앗아 갔을까요
매무새 바로 잡으며 낯선 하늬 쫓으나
기도는 닿지 않습니다
열리지 않는 하늘 문 밀어가며 승천합니다
순백의 몸뚱어리에 감겨있는 슬픔
햇살에 부끄럽습니다
목을 가누어 꽃송이로
오래도록 봄을 남기고 싶습니다

세밑이라 축제의 날이 여러 개 겹쳐있어 온통 세상이 들뜬 분위기다. 우리의 눈을 즐겁게 해주는 찬란한 볼거리들이 도처에 장식되어있다. 별들이 내려와 춤추며 반짝이는 듯한 꼬마전등들이 형형색색으로 눈을 유혹한다.

나무에 꽁꽁 동여 매어 있는 저 모습들이 화려한 뒷면

의 고통으로 있는 것은 아닐까. 아무리 성장이 멈추는 동절이라 하여도 나무는 답답하지 않을까.

나무는 말을 할 수 없다. 좀 지나친 우리들의 횡포가 아닐까. 언뜻 그런 생각이 든다. 나 혼자만의 생각일까. 착잡하다.

산소길 가다가

송편 한 접시 과일은 저리 놓고
즐기던 술잔 이만큼 당겨놓고
정답던
말씀 하마나 하고 다시 올립니다

산소길을 가다가 후미진 길섶에서 풀을 뜯는 소를 본다. 우물우물 하면서 입에서 진을 뿜으며 먹는 모양새가 지순하기 그지없다. 커다란 쌍꺼풀 진 눈에 눈망울이 너무 커서 슬퍼 보인다.

애교풀로 붙인 어느 여배우의 속눈썹 되어 부채살 같이 너풀대라. 너는 먹어서 살이 쪄야 한다. 기천임을 들려서 살을 뺀다는 만물의 영장도 있다는데 먹기 싫은 물도 코 박고 먹어야 한다. 겉옷은 벗겨져 대궐 앞에서 신문고로 울어야 하고, 춤꾼의 어깨에 매이면 북채에 맞아야한다.

코끝에서 꼬리까지 한 치도 버릴 것이 없는 너. 어진

눈빛에는 그늘이 가득하다. 말을 걸면 금방이라도 눈물이 떨어질듯이 눈시울이 글썽인다. 마음을 비운 탓일까. 고개 넘어 팔려가는 어미 소의 잔등에 석양이 내려앉으니 송아지의 울음이 더욱 붉다.

제 2 부

아카시아 꽃

여름산 언덕에 눈이 내린다
빌딩이 모여 사는 도시의 능선이
하얗게 겨울산을 닮아간다
눈을 비비어 다시 바라보아도
함박눈은 그칠 줄 모른다
뜨거운 햇살이 꽃눈을 걷어가는 한낮에도
오월의 신부같은 언덕이여
향기가 맵시를 자랑하며
첫사랑의 눈꽃을 만들었다
마음에 떠가는 한 폭의 그림
여름산 언덕에 눈이 내린다

누가 그랬던가요. 나이가 들면 추억을 먹고 산다구요. 아카시아 꽃이 무더기로 피는 계절이 오면 어릴 적 고향집이 그립게 다가온다. 고향집 한 길 건너 멀지 않은 곳에 이 고장의 명문 고등학교가 자리잡고 있었다. 넓은 운동장 가장자리에는 아카시아 나무가 크게 자라 운동장 울타리를 만들어 놓고 있다. 이 울타리를 끼고 신작로 넓이의 반도 못되는 길이 하나가 있다. 엄마들이 시장에 가기도 하고 오기도 하는 길이다. 아이들이 장에 갔다 오는 엄마를 기다리는 길목이기도하다. 이 길목에 작은 공터 하나가 있어 우리는 여기에 모여 놀면서 엄마를 기다린다. 소꿉놀이, 인형놀이, 고무줄놀이. 우리가 할 수 있는 모든 놀이가 다 모여 있는 곳이기도 하다. 아카시아 나무가 우거지는 여름이 오면 그늘도 만들어주는 안성맞춤인 놀이터이다. 사내아이들은 아카시아 나무 아래 처져있는 철조망을 살짝 들고 운동장으로 들어가 이 학교로 진학하는 꿈을 키우며 열심히 놀며 열심히 배운다. 아카시아 꽃이 구름처럼 피어오면 꽃의 꿀도 따먹으며 주린 배를 달래기도 하였다. 바람에 꽃잎이 떨어지면 눈이 온다고 좋아라 두 손 벌려 받기도 하였고, 사내아이들은 입을 크게 벌려 입 속에 꽃잎을 받기도 하였다. 그러다가도 장에서 오는 엄마의 그림자만 보여도 하던 놀이는 집어던지고 엄마한테 달려간다. 엄마 손에서 과자 봉지 하나 받아들면 기다리던 엄마는 없고 세상을 다 얻은 듯 한 얼굴로 뛰어간다. 한 아이 두 아이 엄마 따라 집으로 가버린다. 해가 뉘엿 뉘엿 기울고 노을이 필 무렵이면 아이들은 줄어들고 남은 아이들의 얼굴은 엄마를 기다리느라 초조해진다. 하지만 금방 잊어버리고 놀이에 빠진다. 과자 봉지 같은 달이 둥실 서산에 떠오르면 몇몇 남아있던 아이들도 모두 집으로 간다. 왁자지껄하던 조그마한 놀이터도 해맑은 아이들의 웃음을 접고 문을 닫는다. 아카시아 꽃도 내일의 하얀 얼굴을 위해 일찌감치 잠자리에 든다.

박수근 화백의 그림 '아기 업은 소녀' 순이는 동생을 업고 오늘도 엄마를 기다린다.

하얀 들장미

어둠을 밀고
골목에 들어서니
돌담 위에 눈부신 웃음 하얗다
간간 지나는 발자국 소리에
귀를 세우더니
어느새 손 흔들며 환하게 인사한다

그늘진 동네에 푸짐한 미소 잔치
가로등 없는 이웃에
흔들리는 꽃불을 걸어준다
송이마다 묻어나는 하늘웃음
달빛도 골목에 끼어
봄바다에 이른다

컴컴한 골목길에 들어서니 피로를 뒤로하고 살짝 걸친 술기운이 빈속을 비틀거리게 한다. 고단한 삶의 뒤안길에서 오늘도 아이들하고 열심히 살아야 한다는 마음가짐 하나로 버티어온다. 세상천지 모르고 잠들어 있을 아이들. 된장찌개 한 그릇 김치 한 종발의 정성 가득한 아내의 손맛. 빈 손 털어 저녁상 준비한 아내의 착한 얼굴이 주먹만한 창가에 학으로 서 있다. 미안한 마음 잊지 않고 있으나 신발 벗는 것으로 대신 한다. 비좁은 방 안에 부업거리가 잔뜩 너부러져 있다. 나도 한 때는 문학청년이었는데. 한 권의 책도 읽어본지 아득하다. 가난한 동네에서 가난하게 살아간다. 허나 마음은 팔지 않는다. 이 생각 저 생각에 아침이 온다. 등교하는 철부지의 뒤를 따라 집을 나선다. 앞에 가던 작은 놈이 넘어진다. 못 본체 하니 일어나 털고 다시 뛰기 시작한다. 나도 따라 걸어간다.

내일에는 내일의 해가 뜨니까.

까치집

한 낮에 불도저가 하늘을 민다
눈치보다 챙긴 전봇대 위의
작은 우주는 흔적이 없다
해산달이 가까워지는데
아득하다
아이들 키울 방 한 칸이라도
만들어야 될텐데
지팡이가 보인다
저 곳에라도 지어볼까
할아버지가 무섭다

'애들아 나는 너희들 편이란다'

아침 일찍 앞마당에서 까치가 요란하게 인사를 한다. 방문이 가만히 열리더니 어머니의 초췌한 얼굴이 보인다. 엽서 한 장이라도 물고 왔나. 눈을 크게 뜨시고 바라본다. 이 순간만은 어머니의 얼굴에 화색이 돈다. 전쟁으로 전란으로 오지 않는 아들들의 소식을 기다리는 어머니께 까치는 반가운 친구다. 온 식구가 모두 반가워하는 까치다. 참새를 유달리도 좋아하던 나도 어머니 따라 까치가 일순위로 바뀌었다. 말문을 튼 조카아이도 까치 까치하며 손뼉을 치며 좋아라 한다. 어머니의 얼굴에는 쓸쓸한 미소가 뜬다. 방문을 닫으시는 어머니의 마음은 또 다시 깊은 시름으로 빠진다. 요새는 까치 보기가 옛날 같지 않다.

패랭이꽃

소리 없이 패랭이를 썼다
나면서부터 민초가 뿌리에 들어
패랭이라 이름 지었다
여리고 애달픈 모습 속에서
자세만은 언제나 꼿꼿하다
꽃잎이 작아 하늘 모두는 만질 수 없어도
조그마한 소망 하나
햇빛에 걸 수는 있었다
홍보라빛 챙 속에 흐르는 핏줄
이슬 한 방울로 입술을 적셔가며
우주를 어머니로 모셨다

작은 씨앗에서 태어나 패랭이를 만들어 민초들이 머리에 썼다. 열심히 발품을 팔아야 먹고산다. 침 한 번 삼키고 십리 길 허리띠 한 번 더 졸라매고 십리 길. 부모님 모시고 동생들 돌보아야 하는 막중한 사명을 잊지 않고 혼신의 힘을 다한다. 보부상의 일상은 장돌뱅이로 끝나지 않는다. 쌈짓돈 모아 나라가 위급할 때는 식량도 보태어주고 저보다 못한 이웃에게는 온정을 베푼다. 혼자만 잘 살겠다는 지나친 욕심은 금물이다. 상호간의 규율. 예절. 상호부조의 정신이 아주 강하다. 해 뜨는 나라의 민족정신에는 정이 듬뿍 담겨있다. 이렇게 우리는 어려움 속에서도 끈질기게 맥을 이어와 열심히 살았다. 보부상의 패랭이에는 우리들의 역사가 살아 숨쉰다. 모자위의 하얀 목화꽃이 파란 하늘가에 구름처럼 둥실 흘러간다.

가을

슬픈 쪽빛 띤 하늘에
설운 마음 풀어놓고

새하얀 그리움 하나
입김으로 불어보면

두둥실
구름 한 송이
산마루를 넘는다

길을 따라 산길을 걸어갑니다. 낙엽 지는 길을 따라 걸어갑니다. 저만치에 보이는 외포기 들국화를 벗을 삼아 걷노라면 유리알 같이 맑고 고운 하늘엔 생각나는 얼굴이 살며시 다가옵니다.

호두나무 가지런히 서 있는 옛 교정에 정답게 미소짓던 얼굴이 이쪽을 보고 걸어옵니다. 떨어지는 나뭇잎에 가리어 지워졌다 나타났다 반복되는 파문을 일으키며 걸어옵니다. 가까이 다가가 반기려했더니 환한 얼굴은 드높은 가을 하늘 안에 파란 그리움만 담아 줍니다.

봉숭아

풀밭에 죽치고 앉아 이슬 받던 봉선화
연지 곤지 족두리 쓰고 가마 타고 떠났네
앞치마
눈물로 적시던 소꿉친구 그립다

소꿉친구와 함께 이슬모아 밥을 짓고 꽃술을 따서 찬을 만듭니다. 저만치에 서 있는 무지개도 불러들여 잔디에 앉혀 놓았습니다. 너는 아빠, 나는 엄마 소꿉놀이는 시작되었습니다.

달빛이 고운 밤이면 솔밭길 걸어서 두 손에 달빛 모아 등 없는 동네에 내려주고 밤하늘의 별을 따 병든 아이들의 마음에 심어줍니다. 따사로운 햇살도 웃어주니 세상이 모두 우리 편이고 아름답습니다.

꿈같던 동화의 시간은 끝났습니다. 세월이 흘러 수십 번의 갈잎이 여물고 떨어지고 몇 개만 남은 빨간 까치밥이 외롭고 쓸쓸히 파란 하늘에 걸려 있는 날, 그 때 그 동무들이 몹시도 그립습니다. 몹시도 보고 싶습니다.

금강초롱

자줏빛 꽃대에 마음 달았네
맑은 샘가
여린 보랏빛 적삼에
다소곳 고개 숙인 수줍움
금강의 딸이라 연지곤지 찍었네
팔 구월 은하수여

방울소리 행궈 내어
비로봉 높은 곳에 터를 잡았네
삼선대 찾아 내린 선녀님 옷자락에
소리소리 실어 담아
설악의 하늘까지 뒤흔든다
오대산, 치악산, 태백산, 명지산, 화악산
산자락 겹쳐 입고
뜬 구름 손짓하니
자줏빛 꽃대에 금강산을 빼닮았네

전설을 따라 금강초롱을 찾아갑니다.

옛날 금강산 기슭 어느 마을에 부모님을 일찍 여의고 외롭게 살아가는 오누이가 있었습니다. 오라비는 재간 많은 석공이었습니다. 금강산을 명산으로 만들어야 한다는 결심으로 집을 나섰습니다. 누이는 온다고 약속한 날이 되어도 오라버님이 돌아오지 않자 혹시 길을 잃은 것은 아닐까 하는 생각에 오빠를 찾아 나섰습니다. 누이는 아무리 찾아 헤매도 오빠를 찾을 길이 없었습니다.

누이는 해가 지고 어둠 속에서 울며 불며 오빠를 찾아갔습니다. 그런데 신기하게도 누이의 눈물이 떨어진 곳마다 초롱처럼 생긴 꽃이 피어나 빨간 불빛으로 반짝이기 시작했습니다. 누이는 꽃송이를 꺾어들고 불빛이 비춰주는 곳을 따라갔습니다.

웬일입니까. 그곳에는 쓰러져 있는 오빠가 있었습니다. 오빠는 정신을 차리지 못하고 누워 있었습니다. 이때였습니다. 갑자기 초롱꽃이 흔들리며 향기가 풍겨 나왔습니다. 오빠는 스르르 눈을 떴습니다. 초롱꽃이 오빠를 살려 주었습니다. 그후부터 오누이는 금강산에 왔다가

길을 잃는 이들을 위해 곳곳에 초롱꽃 이야기를 써놓았습니다. 이때부터 이 꽃을 금강초롱이라 하였습니다.

소나무

하늘 푸른 꿈을 끌어다
뻗은 손을 닦는다
잎마다 하얗게 영근 창공
비탈진 바위틈에 뿌리 내리고
밤이면 손짓하여 별을 마주하고
달 뜨면 산을 품고 밤을 지샌다

벼랑 끝마다 전설로 남아
이 땅의 핏줄로 일어서는 백두여
살을 에는 찬바람 속에서도
산등성을 넘어가는 키 큰 나그네
푸른 구름 끌어다 머리 빗는다

나는 소나무를 좋아합니다. 늘 푸르러서만이 아닙니다. 소나무는 그 선자리가 아름답습니다. 어디에 서 있건 기품이 빼어납니다. 그 형상은 누가 가꿔 주지 않아도 스스로 모습을 만들어 갑니다. 사람도 40이 넘으면 얼굴 표정을 책임져야 한다고 합니다. 얼굴에는 그 사람이 걸어온 모든 길이 나타남으로 올바르게 살지 않는다면 표정이 역겨운 모습이 될 수도 있을 터이니 말입니다. 그런 점에서 소나무를 지켜보노라면 아름답게 살아온 선비한 사람을 떠올리게 합니다.

언덕에서

고추잠자리떼 오가는 만주 벌판에서
억새 무리는 바람에 너울대며 한을 토하고
선구자의 눈물로 키를 세우며 조국을 부른다
가을 하늘에 얼어붙은 별자리를 더듬으며
괴나리봇짐 따라 손을 흔들던 어머니의
그림자 달무리 속에 갇혀 하얗게 떨고 있다
실핏줄 도리깨질은 쉴 줄 모르는데
빈 수레만 언덕에 앉아서 목매게 울고 있다

나라 사랑의 감정은 조국을 떠나보지 않고서는 잘 느낄 수 없는 감정입니다. 해외에 나가보면 우리나라가 얼마나 아름다운 나라이며 모국이 그렇게 그리운 건지 느낄 수 있을 것입니다. 내가 가곡 〈선구자〉를 좋아하는 이유가 되기도 합니다. 만주 지방을 여행하신 분이 그곳에 가서 가장 먼저 떠오른 노래가 바로 〈선구자〉란 노래였다고 들었습니다. 고향인 북한 땅에 갈 수 없는 것도 조국에 대한 그리움을 배가 시키는 이유가 되겠지요. 이국에서 만난 고추잠자리나 바람에 몸을 가누지 못할 정도로 흔들리고 있는 억새 군락을 보아도 그것들이 내 고향, 나아가 조국의 땅에 생명을 이어오는 것들이란 사실이 저를 눈물겹게 하는 것입니다. 고향을 떠나온 우리는 언제 잃어버린 고향에 다녀올 수 있겠습니까.

꿈

생각조차 일 없을 때 바위가 되었다
창문의 그림자도 흔들리며 말이 없다
눈 감고 앉은 세월이 모래바람 날린다

바위로 앉아서 천년을 삽니다. 죽지에 가두었던 어둠이 고개를 들기 시작합니다. 청산에 모아두었던 하늘은 참 푸릅니다. 구름이 가까이 다가와 손짓 합니다. 접었던 나래를 활짝 펴고 넓게 품어서 보냈던 빛을 다시 불러들여 두 손에 꽉 쥐어봅니다. 귓가에는 나래짓 소리가 맴을 돕니다. 널따란 하늘이 두 팔 크게 벌려서 해와 달도 불러들입니다. 깨어나고 싶습니다. 깨어나고 싶습니다.

샘물

항아리에 고인다
하늘 젖은 물빛들이

손으로 만져보면
하얗게 젖어오는

태고적
물소리들이 항아리에 고인다

샘물로 솟아오릅니다. 묻어두었던 흔적도 없이 숨을 쉬고 있습니다. 고이는 물소리가 끝이 없이 모이고 또 모입니다. 메아리의 화답이 잠을 쫓습니다. 머리를 들어 하늘을 불러들입니다. 구름을 건져내고 달도 떠내고 별도 퍼내어도 빛살은 살아있어 숨을 쉽니다. 일렁이는 우주는 팔을 벌려 흩어졌다 모여들고 흩어졌다 모여들고 살아있다는 몸짓을 합니다. 천년을 살았어도 건질 수 없는 이 맥밥. 오늘도 샘가 맴돌며 걷어 올리는 두레박 물 안에는 낮달만 하얗게 젖어있습니다.

은행잎

갈잎은 발목에 차오르고
가슴앓이는 하늘에 닿는다

빛 잃은 낮달이 길을 물어와
푸른 하늘 건너가자고

젖은 답
던져 놓고서
돌아서 가슴 말린다

보도에 밀려드는 은행잎을 밟으니 발목까지 노랗게 물이 든다. 파랗게 새순 돋던 어제를 버리고 길바닥에 구르는 낙엽. 얼마 남지 않은 잎들이 나무 위에 외롭다.

새각씨 태백상의 노란 은행잎. 원상 족두리에 묻어둔 사연들이 그림처럼 채색된다. 농 속 깊숙이 넣어두었던 노랑저고리를 꺼내 입어본다. 시집살이 수십 년에 물이

들었을까.

겨울로 치닫는 싸늘한 동공 속에 두 손 가만히 주머니에 넣으며 그래도 하늘은 천년을 제자리라고 파랗게 고개 들어 은행잎을 줍는다.

벗꽃서정

대지는 황홀에 잠겨 눈을 감는다
한 닢 한 닢 바람과 손을 잡고 춤을 춘다
면사포를 흔들며 곡예하는 무희들
연분홍빛이 여리다 못해 하얗게 바랬다
깨끼적삼에 얼비치는 살갗
분 냄새가 난다
순간을 흔드는 북소리에 지축은 멈춰 섰다
몸무게를 줄이고 날고 싶다
날고 싶다 날고 싶다

벗꽃이 한창이라기에 꽃나들이에 나섰다. 4月의 싱그러운 아침 햇살이 한 발 먼저 와 있다. 구름이 내려앉아 꽃대궐을 지으셨나. 꽃대궐 나래달아 구름대궐 꾸미셨나. 하늘과 땅을 눈부시게 태우고 있다. 너무나도 아름다워 나를 잊어버렸다. 바람이 살랑 불어와 꽃비가 내린다. 우산은 없다.

꽃 속에 묻혀 내 나이도 세지 못한다. 떨어지는 꽃잎에 얼굴을 내주며 가만히 옛이야기를 접어본다. 꽃을 좋아하시던 어머니가 생각난다. 구름 한 자락이 내려와 꽃나무 가지에 앉아있다. 엄마가 보고싶다.

노을

산국 피어있는 들판 길을 가로질러
소년과 소녀가 걸어간다
억새꽃이 흔들리고
못내 참았던 소년이 입을 연다
입맞춤이란 어떤 것이지
소녀가 뛰기 시작한다
능금볼 빨갛게 타오르고
파란 가을 하늘 가장자리에
세라복 하얀 깃이 나비되어
원근법으로 날아간다

할아버지 소년과 할머니 소녀가
꼭 한 번 만나보고 싶다
나비처럼 차려입은 소년과
산국처럼 치장한 소녀가
강물이 흐르는 다리에서 만난다
그 때의 소년과 소녀는 간 곳이 없고

세월 속 소년과 소녀는 인사를 나눈다
산국이 피어있는 들판 길을
억새꽃 하얗게 흔들면서
두 손 잡은 소년과 소녀는
그 때 그 시절로 달려간다

산마루에 해가 지면 차 한 잔 들고 거실로 나온다. 넓은 서창으로 노을이 곱게 물들고 있다. 나는 이 노을 속을 걷는다. 간밤에 원고마감을 하느라 잠을 설쳤더니 눈이 내려와 자리에 눕고 말았다. 마감한 원고를 들고 출판사로 가야한다. 날은 어두워졌는데 밖에는 눈이 내리고 있다. 옷장속의 검정외투를 꺼내 입고 편한 신발을 신는다. 가로등이 껌뻑거리는 거리로 나와 택시를 잡아 탄다. 삐걱거리는 나무계단을 올라가 출판사 사무실로 들어간다. 난로 위에는 주전자에 물이 끓고있다. 졸고 있던 편집장이 반가이 맞아준다. 일을 마치고 어김없이 삐걱대는 계단을 조심스럽게 내려온다. 거리에는 눈이 많이 쌓여있다. 집들의 창에서 스며나오는 불빛들이 정답다. 눈물이 핑 돈다. 걷고 싶어진다. 사각사각 눈 밟는 소리가 귓전에 돌아 들어온다. 얼마나 걸었을까. 뒤를 돌아본다. 아무도 없다. 걸어온 발자국에는 눈만 내리고 있다. 젊은 날의 발자국에도 눈은 내리고 있었는데 언뜻 먼 옛날이 외줄기 눈길로 내려와 앉는다. 작은 꿈 하나 눈가지에 걸어놓고 싹이 트기만을 기다렸던 옛날.

눈에 무거워진 우산을 턴다. 하늘을 보니 눈은 내리고 있는데 달이 떠 있다. 이상하다고 생각하며 앞을 보니 희미하게 불빛이 가물거린다. 가까이 다가가보니 찻집이다. 문을 열고 들어선다. 뿌연 담배 연기 속에 몇몇 사람이 앉아있다. 어디에서 본 듯한 낯익은 풍경이다. 빈 자리를 찾아 앉는다. 차를 주문한다. 따뜻한 차향에 온기가 돈다. 차를 마신다.

뚝. 뚝. 뚝. 누가 등을 두드린다. 돌아보니 훤칠한 키에 중후한 노신사. 깜짝 놀라서 잠에서 깨어났다.

전화 벨소리가 요란하다. 누굴까. 이 시간에. 아이들인

가. 수화기를 든다. 여보세요. 남자 목소리다. 미안하지만 혹시 유진숙씨 댁이 아닙니까. 네. 제가 유진숙입니다. 말이 없다. 한참 후 진숙씨 나 강민욱입니다. 순간 진숙은 너무 놀란 나머지 수화기를 놓칠 뻔 했다. 하늘에서 별이 마구 쏟아져내려와 창문을 요란스럽게 두드린다. 전화가 끝나고 창을 여니 별은 모두 제자리에 있었다. 자리에 누웠으나 잠은 오지 않았다. 날이 밝아왔다. 일어나 먼저 거울 앞으로 간다. 만나지 말까. 밤새 생각한 일이다. 그러면서도 서두르고 있었다. 우리는 조용한 한식집에서 만났다. 나를 알아보지 못하지나 않을까. 그도 많이 변해있었다. 오랜만입니다. 그는 연신 같은 말만 되풀이한다. 보글보글 끓는 된장 뚝배기를 앞에 놓고 많은 이야기를 나누었다. 미국에 거주하고 있는데 수일내로 돌아가야한다고 했다.

또 만납시다. 악수를 나누었다. 집에 오니 딸과 손자가 와 있었다. 이른 저녁을 끝내고 더 놀자고 칭얼대는 아이를 어르면서 딸은 갔다.

서창에 황혼이 찾아드니 노을이 일 시간이다. 차 한

잔 들고 창가로 간다.

노을은 오늘따라 더 붉다. 나는 멍하니 창가에 서서 그가 한 말을 생각한다. 자기는 영원한 나그네라고. 노을 속을 걷고있는 저 나그네. 천년을 걸어가네.

싸락눈이 내린다.

제 3 부

큰 오라버님

우리 집 하늘에 달뜨는 밤이면
오라버님과 툇마루에 나와 앉아
토끼가 빚은 송편을 먹는다
옥도끼로 다듬은 초가집 한 채
안마당에 박꽃처럼 내려앉는다

오라버님 면회에서 돌아온 봇짐
체온을 만지며 늘 아들로 껴안으시던 어머니
시베리아로 영어의 몸이 되어 끌려 간지
반세기 하고도 얼마나 되었을까

피 말리던 어머니 이승을 하직하고
그리움의 끝을 맺는 기다림은
언제나 눈물샘 바닥으로 처졌지
단발머리 누이는 여덟 손자의 할머니가 되고

흐릿한 눈빛으로 바라보는
동강난 땅 덩어리에
생사의 소식이라도 묻고 싶은 욕심은
삼팔선 하늘로 발돋움했지

"고운 꿈을 간직하여라"

동화책을 사탕처럼 주시던 오라버님
실낱처럼 흰 머리 엉키며
철길 따라 달려오는 밤이면
어둠만 만지다 날이 새고
오래된 괘종시계가 까치소리로 운다

큰 오라버님은 어머니의 파랑새였다.

누운 것도 아니고 앉은 것도 아닌 백순의 어머니가 지

금은 팔순이 되었을 아들을 기다린다. 눈은 감은 것도 아니고 뜬 것도 아닌 얼굴로 방학만 되면 사각모에 단정한 모습으로 대문을 들어서던 아들. 어머니 마음에는 아들은 자라지 않는다. 귓속은 멀어도 대문 여는 소리에는 귓밥이 움직인다.

정치 보위부(?) 요원이라 하면서 권총에 구둣발로 서재, 어머니 방, 심지어 우리들의 방까지 아수라장으로 만들어 놓았다. 냉랭한 어머니의 얼굴은 파랗게 굳어있다. 큰 언니도 말이 아니었다. 이날부터 오빠는 집으로 돌아오지 않았다. 며칠이 지나서야 정치 보위부에 구금되었다는 소식을 들었다.

몇 달이 지났다. 오빠는 재판도 없이 반체제 인사라는 죄목으로 소비에트의 어느 정치범 수용소로 끌려갔다. 어머니의 번뇌는 깊어만 갔다. 한 발 더 아들하고 멀어졌다. 글 쓰는 사람이 무슨 죄를 지었기에…

이변이 생겼다. 6.25 전쟁이 터졌다. 우리는 어찌할 바를 몰랐다. 국군이 북으로 진격하면서 셋째 오빠가 어머니를 모시러 왔다. 북에 있는 가족을 생각하고 오빠는 통역장교가 되어있었다. 3개월이면 집으로 다시 온다는 구실로, 완강하시던 어머니와 우리는 오빠를 따라 3.8선을 넘어 남쪽으로 내려왔다. 집을 떠나올 때 마당 안에서는 간밤에 내린 눈이 하얗게 울고 있었다.

이제나 저제나 아들 소식만을 기다리시던 어머니의 세월은 더디면서도 빨리만 흘러갔다. 많이 늙어버리신 어머니는 두고두고 집을 비우고 떠나온 것을 후회하셨다.

빈 댓돌

– 외손녀 오현정의 일기

깡총거리며 뛰어 들어오던 외손녀가
현관의 많은 신을 보고

'할머니 이게 모두 누구의 구두지요'
'할아버지 거란다'

생각 없이 대답한다

'할아버지는 맨발로 하늘나라 가셨겠네
 발이 많이 아프셨을 걸'

티 없는 말 속에
젖어드는 마음을 숨기며 꼭 안아준다
솔과 헝겊으로
임자 없는 구두를 문지르는
고사리 손이 분주하다
빈 댓돌의 발자국 소리가
오래도록 멈추질 않는다

외손녀를 얻었다. 스물다섯 해 만의 아기 울음소리다. 집채를 흔드는 듯한 아이의 소리가 행복이란 기쁨을 한껏 선물한다. 외할머니는 할머니대로 외할아버지는 할아버지대로 외삼촌은 삼촌대로 온 집안이 축제 중이다. 귀여운 아기로 와서 사랑을 독차지 하고 산다는 소중함을 일깨워준다.

요람 속에서 무럭무럭 자라 재롱둥이에서 아이로 컸다. 더 자라 소녀가 되었다. 또 자라 숙녀가 되었다. 그러더니 어느덧 신부가 되었다. 유모차도 혼자 들 수 있는 엄마가 되었다. 세월이 흘러 자기 새끼들의 잔치도 끝났다. 우리도 100세의 백발이 되었다.

걸어가는 뒷모습이 쓸쓸해 보이지 않으려고 두 손 꼭 잡고 간다. 어디로 가십니까.

한 그루의 사과나무를 심으러 갑니다.

소년의 세레나데

그 때 소녀는 창가에 서서
파란 하늘에 글 읽어간다
소년이 빌려간 책
갈피 속에 끼워 보낸
빛바랜 쪽지를
상쾌한 아침 하늘에
참새 두 마리 정답게 날아간다
새를 닮은 너와 나

우리 집 앞 한 길 건너에 작은 기와집 하나가 있었다. 그 집에는 갓 시집 온 새댁이 살고 있었다. 새댁은 우리 큰새언니와 자주 왕래하면서 모르는 것을 배우고 있었다. 어느 때 부터인가 그 집에 낯선 소년이 왔다. 새댁의 조카라 했다. 머루알 같은 까만 큰 눈을 가진 소년이었다. 이모 따라 우리 집에도 놀러올 때가 있었다.

후에 안 일이지만 만주에 있는 독립투사의 아들이라

하였다. 방학이 되어 만주에 갔다 올 때면 나에게 학용품 선물도 갖다 주었다. 호감 가는 모습이었으나 나는 큰 관심을 가지지는 않았다. 그럭저럭 왕래하면서 나에게서 책도 빌려갔다. 책을 다 보고 보내올 때마다 쪽지를 넣어 보냈다. 한 번도 답장 쪽지를 보낸 적은 없었으나 그리 싫지는 않았다. 지금 생각하면 오래 된 옛날 얘기다.

언니생각

희디 흰 모시적삼
박꽃인가 싶었더니
화사한 치맛자락 연꽃인가 하였네
박꽃과 연꽃이라도 언니만은 못했네
살포시 눈을 뜰 땐 초승달 눈매하며
잔잔한 말씨 속에 고향마을 비쳤네
화문석 펴고 앉던 날 흡사 엄마였네

내 언니는 참 예쁜 언니였다고 합니다. 엄마가 데리고 길에 나서면 지나가던 청년들이 '저 처자의 몸 안에는 무엇이 들어있기에 저리도 고울까 아마 하얀 박꽃이 활짝 피어 있나보다' 라고 수군댔다고들 했습니다.

내 언니는 나를 낳기 전에 출가했으니 같이 살며 아기자기한 정을 느끼지는 못했습니다. 그저 언니라 하니 언니인 줄 알았습니다.

내가 철이 들면서 본 언니는 일곱이나 되는 조카들의

틈바구니에서 그저 평범한 한 아낙네였습니다. 지금 이 나이가 되어 생각하니 언니가 같이 있었으면 얼마나 좋을까 하는 생각을 합니다. 언니가 보고싶습니다.

여름 화단

채송화 씨앗을 꽃밭에 뿌린다
5월의 화단에
뽀얗게 일어서는 고향집 마당
빨 주 노 초 파 남 보
저희끼리 작은 말로 주고받으며
수없는 그리움으로 돋아난다
북녘에 두고 온 언니가 보고싶다
여름 화단에는 하얀 채송화만 피어 있다.

어릴 때를 생각하면 고향이 먼저 떠오르고, 고향 하면 화단에 피던 봉숭아, 채송화, 맨드라미가 눈앞에 그려집니다. 그 중에서도 채송화는 작은 몸집에서 그렇게 아름다운 색깔을 뽑아 낼 수 있을까하여 매우 사랑스럽습니다. 그저 바라보기만 해도 즐거운 꽃이 바로 채송화입니다.

동무와 화단가에서 손톱에 물을 들이던 시절이 늘 가

슴에서 미어져 나와 엊그제 같은 날들이 지금의 생각 속에 틀어 앉아 내게 행복한 감정을 솟구치게 만듭니다. 북녘땅에 두고 온 것은 사랑스런 언니만이 아니었습니다. 봉숭아, 채송화, 맨드라미, 어린 시절 뛰놀던 언덕과 고향집, 동무들 그리고 어린 시절의 숱한 이야기들입니다.

그렇게 기다리던 통일이 점점 멀어지는 것 같습니다만 그래도 가슴 한 자리에는 언젠가는 가 볼 수 있다는 마음이 흩어지지 않고 남아 있기도 합니다.

작은 창의 불빛

숲 속의 나뭇잎들 사이에 있는 집
작은 창에서
불빛이 환하게 말을 걸어옵니다
이쪽에서 바라보며 외롭게 보이는 집
답할 말이 얼른 떠오르지 않아
가까이 걸어가 봅니다
달빛이 지천으로 쏟아지는 밤이면
유난히도
크로바 꽃이 눈처럼 부시던
길을 지나서

'어머니
여기 사람들의 집을 들여다보면
큰일납니다.'

막내의 부르는 소리가 솜목도리 되어
따뜻하게 감겨 오는 밤

열 몇 시간을 비행기에 실려 막내가 유학 가 있는 미주의 한 도시에 왔다. 비행장에는 막내가 나와 있었으나 모든 것이 낯설어서 어리둥절하다. 광야 같은 신작로를 달려 집에 도착했다. 목조로 지은 성냥곽 같은 아파트들이 장난감 마냥 줄지어 서 있다. 마당의 나무들도 잘 가꾸어있고 집 앞의 꽃들도 잘 가꾸어있고 집 앞의 꽃들도 아름답다. 사방을 둘러보니 어린이 놀이터가 눈에 띈다. 미국답게 질서가 있고 내 마음에 부러움을 담아준다. 깨끗한 모래 놀이터 튼튼하게 걸려있는 그네. 색색으로 오르내리는 시소. 빈틈없이 꾸며져 있다. 꼬마들의 자지러지는 웃음소리. 밝은 표정. 재잘거림이 내 귀를 떠나지를 않는다. 부럽구나 부러워. 피곤하여 더 돌아보지 못하고 집으로 들어간다. 실내는 좁다. 가족들이 모이는 거실만은 트여져있다. 식탁도 제법 좁으나 밥 먹기에는 편리하게 되어있다. 빈 공간에는 곳곳에 수납장이 잘 짜여져 있어 모든 잡동산이를 정리하게 잘 되어있다. 더욱이 눈에 띄는 것은 불씨 관리다. 출입구 정면에 드나들 때마다 눈에 잘 띄게 설계되어있다. 나무 건물인 탓일까. 아주 과학적인 설계로 되어있다. 부러운 것이다. 오래 비행기를 탄 탓일까. 더 돌아 못 보고 잠에 빠진다. 부럽다 부러워.

아우

햇살이 놀다 간
기와집 대청마루

풋내 나는 아기 포대기
평화롭게 펴져있다

반질한 손 때 묻은 정
어둠을 걷어낸다

새끈이 잠들어 있는 내 아우의 꿈자리
둘러봐도 이보다 더 사랑스런 것은 없다
눈 밖의 감나무 그림자 소리죽여 돌아간다

어머니가 마흔 여덟에 내 아우를 생산하셨다. 예쁘게 생긴 사내아이다. 마흔 넷에 낳으신 내가 막내인 줄 알고 온갖 재롱을 다 피우며 오빠들의 사랑을 독차지하였

건만 우막내인 진짜 막내가 태어났다. 멋모르고 방긋 방긋 웃는 얼굴. 조그마한 손. 조그마한 발. 모든 것이 신기하고 귀엽기만 하다. 사랑스런 내 아우이다. 그 나이에 이렇게 예쁜 동생을 생산하셨으니 어머니는 건강하셨나보다. 우리 모두 어머니의 만수무강을 엎드려 빈다.

어머니 장독대

항아리엔 아직도
어머니 발자국소리
뚜껑 열 적마다
옛 목소리 도란거린다
백년도
못 사시면서
천년 살라 빌으시던

대문을 들어서시면 어머니의 눈빛은 늘 장독대로 간다.

때깔 고운 독들이 인사를 한다.

달콤한 장맛으로 하루가 시작된다.

무 하나 사시는데도 반듯한 것을 고르시고 빨래 한 가지 너시는데도 똑바로 널으셨던 어머니 모습을 발견한다.

흉년이 든 옛 어느 날 나그네 한 분을 묵게 했더니 그가 떠나고 보니 메주 한 덩이가 없어졌더란다. 원망스런 마음보다 가지고 갈 수밖에 없었던 처지가 몹시 마음이 아프셨다고 하시던 어머니 말씀은 장맛이었다.

비구름이 몰려와 독들이 뚜껑을 덮고 비를 피한다. 옆자리 맨드라미 몇 송이 바람에 흔들리며 어머니 장독대를 치장한다.

봉선화 물들이기

손톱에 얹어보는 봉선화 꽃잎 한 장
일곱 살 소녀가 거울 속에 웃고 있다
꽃불은 열 손 가락에 별빛으로 열리고

달려드는 모기떼에 손 둘 데 모르다가
울음보 터뜨리고 별빛에 말려가며
은하수 건너려다 놓쳐버린 주먹손

새 언니 다홍치마에 얼룩진 백반물이
주름진 이마위로 무늬져 아롱댄다
노을진 하늘 자락이 손톱 끝에 한참 붉다

내 큰 새 언니는 부잣집 외동딸로 중앙보육학교(현 중앙대학 전신)을 나온 인텔리 여성이었다. 큰 오빠가 동경 유학 중이었고 아버지들끼리 혼사를 맺었다고 했다. 새 언니는 다정한 성품이었고 약혼식이 끝나고 자주 우리 집에 놀러 와서 나하고 놀아 주었다. 동요도 가르쳐 주고 무용도 가르쳐 주고, 재미있는 동화책도 읽어 주고 마치 선생님 같았다.

시집 온 후에는 내 옷도 예쁘게 만들어 주고 나는 새 언니를 엄마처럼 따랐다. 학교에 입학한 후에는 친구들이 놀러 오면 안방에만 계시는 내 어머니는 할머니인줄 알고 새 언니를 엄마인줄 알았다. 학교 학부형회 소풍, 학예회 때 나는 새 언니의 큰 도움을 받곤 했다. 큰 키에 어엿뻤던 새 언니는 나의 어리광을 모두 웃으며 받아 주었다.

지금 생존해 계시면 아마 100살은 되었을 것이라고 생각한다. 지금도 보고 싶은 새 언니다.

봄의 서정

울타리에 개나리가 앉았다
노란 옷자락에 골목이 웃어댄다
옹기종기 모여 앉은 조무래기들
도란거리는 속삭임이 나를 당깁니다
그 속에는 어린시절의 동화책이 있습니다
얼마나 읽었을까요
아이들이 까르르 까르르 웃습니다만
개나리꽃이 피면 새 언니는
학병에 끌려간 오빠를 기다립니다
몇 번의 개나리가 피고 져도
오빠는 오지 않고 언니는 떠났습니다
갑자기 소란스러워 밖을 내다보니
일학년 개나리반 아이들이
하교길 울타리에 가득히 피었습니다

봄은 쓸쓸함 속에 화려함이 담겨 있기도 하고 화려함 속에 매서운 꽃샘추위가 숨어 있기도 합니다. 김영랑의 시 구절처럼 '찬란한 슬픔의 봄'을 실감나게 하는지 모르겠습니다. 불순한 일기는 꽃망울을 쉽게 터뜨리지만 또한 쉽게 떨어뜨리는 심술을 부리기도 합니다. 산발한 바람을 맞으며 봄이란 것도 없이 시작되는 여름의 초입에 문득 섰을 때, 순간적으로 지나가버린 봄에 대한 아쉬움을 떨칠 수가 없을 것입니다.

어느 마을엔들 꽃이 피지 않을까마는 유난히도 많았던 싸리 울타리에 흐드러지게 핀 개나리는 내 고향의 봄을 대변해 주고 있었고 개나리에 얽힌 슬픈 사연이 나를 가슴 아프게 만들기도 합니다.

내가 어렸을 때 개나리가 필 때쯤 되어서, 작은 오빠는 학병에 끌려갔습니다. 그 오빠는 결혼하여 얼마 되지 않았고 새 언니의 얼굴은 늘 수심으로 가득차 있었습니다. 특히 개나리가 피어나는 돌시가 되면 슬픔은 더욱 커져가고 그러기를 몇몇 해가 지나갔습니다.

늘 오빠 생각으로 한 시도 편할 날이 없었던 어머니와

언니는 지치지도 않았습니다. 그러던 어느 날 어머니는 새 언니더러 친정에서 좀 쉬고 오라고 하였습니다.

어느 날부터 언니는 보이지 않았습니다.

그때부터 개나리를 보면 새 언니의 모습이 떠올랐습니다.

갓 시집을 와서 노란 저고리를 입고 수줍어하던 언니가 어느 날 문득 내 눈 앞에서 사라져 갔을 때 그것은 마치 봄에 피는 개나리처럼, 피었다고 느끼는 순간 벌써 져버리고 마는 슬픈 마음을 간직하고 있기 때문입니다.

다른 계절보다 유난히 나의 마음을 움직였고 내 마음은 또한 봄이 되면 주체할 수 없는 흐름 속으로 빨려 들어갔습니다.

아프고 슬픈 기억일수록 다독거려 더 승화된 모습으로 내 삶의 지표로 만들어야 하기 때문입니다.

이제 개나리가 가듯 봄도 내 곁을 떠나고 남은 것은 작열하는 태양뿐입니다. 언제 태양을 사랑할 수 있을지 봄이 그 마음자리를 비워주길 바랍니다.

만세교 다리 밟기

하늘 가득 홍시 익어 이글대는 외갓집
색동옷 지으시던 외할머니 손끝마다
호롱불 심지 돋우며 눈시울에 젖었다

내 고향 함흥의 정월 보름날은 만세교를 밟는 날입니다. 만세까지 장수하라고 옛날 옛날부터 내려오는 전통이랍니다. 칼바람이 살을 얼어붙게 하는 추위에도 나들이에 분주합니다. 둥실 떠 있는 달도 식구 속에 끼워서 다리를 밟습니다. 목마 탄 아이의 조막손에서 돌아가는 바람개비가 홀립니다. 다리 곳곳에 팔랑대며 도색 무지개로 춤을 춥니다. 다리 난간에는 여기저기 매어있는 저고리 동정들.

올 해도 내내 무고하소서. 달빛에 하얗게 소원을 빕니다. 나는 바람개비 하나 사 드니 세상 모두가 내 것입니다. 엄마도 없고 부럼을 깨무는 소리도 들리지 않습니다. 다리를 건너면서도 온통 마음은 바람개비에 가있습니다. 얼른 또 새해가 와서 바람개비와 만났으면 합니다. 내 바람개비도 그 빛에 어울려 잘도 돌아갑니다.

피난시절

떨리는 마음에 촛불을 켭니다
소유한 건 가난한 마음뿐이기에
예물되는 보석을 가지지 못해도
하늘에 받들어 올리는 불꽃은
내 소중한 하얀 기도입니다

거제도의 성탄절은 눈을 볼 수 없다. 루돌프 사슴은 꿈속에서 보고 산타의 선물은 파도를 타고 온다. 천막 교회의 틈새로 들어오는 바람을 막아선 아이들의 얼굴은 얼어 있다. 동전 몇 닢으로 어둠을 산 촛불은 가늘게 떨고 있고 은종이로 접은 작은 별은 촛불에 맞춰서 소나무 끝에서 커다랗게 반짝인다. 나래 없는 천사들의 손 모음은 하얗게 기도한다. 빈 종소리 속에서 눈이 내린다.

오레곤의 하늘

하늘가 가늠하다 놓쳐버린 끝자락
구름송이 뭉게뭉게 양떼로 풀어놓고
메아리 물어오는데도 한 나절 걸리겠네
청자색 물감을 동이 째 부으셨나
옥빛에 취하셨나 물빛에 홀리셨나
날으는 새떼마저도 쪽빛으로 감으셨네
눈이 작아 볼 수 없고 말을 잊은 입술이네
세상 하늘 다 모였나 푸른 눈만 모으셨나
한 자락 몰래 떼어내 내 하늘에 걸고 싶네

미주의 많은 퇴직자들이 여생을 보내고 싶어 한다는 아름다운 도시 오레곤. 오래곤의 나무들은 모두 마을로 내려와 한데 모여 산다. 공기는 맑디맑아 꿀항아리에서 묻어 나오는 것만 같고 하늘은 높고 푸르며 구름자락 옷소매 흔들며 하얗게 흘러간다.

집들은 웨딩드레스를 차려입은 신부처럼 서 있고 뜰

앞에 꽃들은 부케처럼 얌전하게 자태를 뽐낸다. 사슴들은 마당에 내려와 아이들과 놀며 나뭇잎 따먹어도 되느냐고 순한 눈빛으로 물어본다. 도토리 도시락 꿰찬 다람쥐들은 나들이에 분주하다. 하늘을 나는 새떼들의 나래 흩어지는 소리는 환한 웃음소리로 내리고 오레곤의 풍경은 진정 한 폭의 수채화다.

밤의 풀장

달빛으로 갈아입고 물항아리에 뛰어든다
황홀한 물장난에 별빛도 끼어들어
구경 온 달님마저도 비키니를 입는다

미국 오레곤에 있을 때 손자들이 밤에 가끔 풀장에서 노는 모습을 바라보곤 했습니다. 천진난만한 모습이 달빛을 받아 신비롭기까지 했습니다. 저 아이들이 어디에서 왔을까를 생각하면 가슴이 벅차올라 아무런 말도 나오지 않았습니다. 그 속에 뛰노는 아이들보다 모습을 지켜보고 있는 내가 가장 행복한 것 같았습니다.

이 강산의 삼월

여명의 입김으로 꽃이 핀다
이 강산 온 누리에 진달래가 핀다
우리와 함께 살아온 꽃
연분홍 저고리에 수술로 고름 드리고
순박한 아낙으로 쪽을 지었네
아지랑이 되어 질긴 숨결로
바위틈 마디마디 핏줄을 잇는다
서러워 차라리 잎 피기 전에
꽃을 피우는 넋이 되었을까
겨울눈에 어리는 함성
아우내 장터에 스며들던 핏빛으로
일어난다 하늬 바람타고
슬프면 슬프게 그리우면 그 얼굴로
꽃 붉음 속에 백두산을 찾아가는
발자국 따라 삼월이 되면
홍역같은 진달래가 온누리에 핀다

무제

그대 하늘에 소낙비 뿌려주고
젖은 옷 뒤척이는 소리에
나도 젖는다

천둥 속으로 신열을 앓아
자맥질하는 슬픔
발자국 소리에 귀 세우며
떨어지는 빗방울은
밤새도록
어둠의 살을 더듬는다

구름 사이
간간이 바람이 스쳐가
살갗에 달라 붙은
옷깃을 들썩인다

구름자락에
걸려 있는 긴 그림자

떨리는 몸무게에 눌려 멀미가 난다
야위어버린 손가락으로
성에 낀 동공을 부빈다

달무리에 갇힌 달빛은
흘러가지 못한다
목울음 따라 흔들리며
하얀 입김으로
어둠을 더듬는다

날은 새었서도
그대로 밤이다

탄생 (1)

처음 본 하늘을 향해
고고한 징을 친다
어둠의 이백 팔십 일
항해는 끝났다
불끈 쥔 두 손 안에는
무슨 빛이 있을까

자궁에서 나왔을 때
아득하기만 했던
빛을 타는 풀빛 요람
멀미부터 찾아 든다
수시로 흔들리는 세상
미리부터 맛본다

바람 입고 물을 쓰고
간간이 별도 껴안는다
세월의 반은 해에게
나머지는 달에게

오르다 남긴 사다리에
푸른 꿈이 익었다

높은 산 넓은 바다
끼고 돌 조그만 발
우주를 보듬는 맥박
손가락을 꼬물댄다
말없는 눈동자 속에
숨어 사는 별무리

탄생 (2)

깃털로 세운 둥지
문패도 달아본다
맥박을 짚어 가며
허공 높이 날은다
나래짓 흩어지는 소리
천지에 깔아 놓고

폐활량을 크게 늘여
강산을 몇 바퀴 돌았을까
낮과 밤의 조화에
높이 나는 이유는
눈 속에 하늘은 검고
푸른 땅이 붉었다

탄생 (3)

바다에 얼굴 씻고
맑은 해가 솟구친다

한 치의 뒤틀림 없는
낮과 밤을 지나왔다

사계의 숨결을 쥐고
어찌 말이 없을까

꽃 피우고 열매 맺고
녹음 지워 산을 세워

비바람 눈 내리고
강을 채워 바다 만드니

천지의 조화로운 섭리는
어머니 품속 같다

탄생 (4)

씨앗 하나 입에 물고
젖줄 따라 날은다

빗방울에 잦아드는
새 하늘을 마시며

들판은 내일을 위해
풍요의 구슬을 꿴다

억 만 년 이어 갈
축제의 긴 북소리

핏줄 고리 이으려고
저리 큰 몸부림일까

우주는 혼돈 속에서
강강술래를 돈다

발문

추억으로 가는 산책/강영환

발문

추억으로 가는 산책

강 영 환(시인)

지나간 일은 언제나 아름답다. 그 과거가 아픈 기억일수록 더 오래 마음 밑자리에 남아 삶을 풍요롭게 만들어 줄 것이다. 특히 동심에 새겨진 안타까운 사연들은 내내 잊혀 지지 않고 짠한 울림으로 다가 온다.

사람들이 과거에 연연해하는 이유는 무엇일까? 이번 이향섭 시인의 작품집을 이해하는 열쇠가 바로 그 물음에 답하는 일일 것이다. 어른이 되어서도 어린 시절을 잊지 못하고 추억하는 건 인격 형성기에 지대한 영향을 주었기 때문일 것이다. 과거는 좋든 싫든 내가 지나온 길이고 나를 위한 선택이거나 내가 선택한 것들이 과거를 형성한다.

이번 시집에는 산문을 곁들인 작품 39편과 산문이 없는 6편, 도합 45편으로 3부로 구성되어 있다. 시에 관한 시작노트가 첨부되어 있기에 작품에 대한 해설은 사족을 다는 것이나 다름없다. 굳이 붙여야 한다면 해설은 차치하고 시를 감상하는 자리를 마련해 보는 것으로 삼는 것이 옳겠다.

내가 이향섭 시인을 만난 것은 지금부터 15년 전이다. 몇 분과 함께 시조를 공부하면서 서로 내왕하게 되었고 자연적으로 친분이 두터워졌다. 그 연유로 제 2시조집 『풀꽃 따 들고』에 해설을 쓰게 되었고 이참에도 또 어려운 부탁에 쉽게 응낙이 이뤄져 짧은 소견으로 감상문을 쓰게 되었으니 처음 인연이 아름답게 이어지고 있다할 것이다.

《문예사조》로 등단하여 이미 두 권의 시조집을 상재한 바 있는 이향섭 시인은 가냘픈 소녀 이미지를 갖춘 깔끔하고 기품있는 여성상을 지녔다. 그렇지만 내면에는 뜨거운 열정을 지니고 있어서 시와 시조로 자신을 표현해 낼 뿐 아니라, 중단했던 학업을 뒤늦게 마무리하는 억척스러움도 지녔음을 알았다. 한국동란 때 이화여자대학을 다니다가 피란으로 인해 학업을 계속할 수가 없었고, 급기야 50여년이 흐른 지금에서야 하던 학업을 마저 마치고 졸업을 하게 된 것이다. 그것만 보아도 얼마나 억척스런 내면의 소유자인가를 미루어 짐작할 수 있다.

다들 그렇겠지만 이향섭 시인은 특히 매사 빈틈없고

상대방이나 제 3자에게 피해를 주는 일을 하지 않는다. 그것이 시를 제작할 때 완벽한 모습을 추구하는 것으로 나타난다. 시조 형식을 갖추고 있는 작품은 물론이고 자유시 형태를 띤 작품에서도 그런 모습을 보여 왔다.

이번 시집에는 시와 시조가 함께 실려 있다. 어떤 형식이든 지금에 와서 이향섭 시인에게는 중요하지 않다. 이제 형식의 틀은 이 시인에게 아무런 의미를 갖지 못한다. 자유롭게 풀어내든 어떤 틀을 갖추고 풀어내든 이미 형식으로부터 탈피하여 자유로움에 머물게 된 것이다. 필요한 건 바로 담담한 진술로 과거의 삶과 현재의 삶을 엮어낼 뿐이다. 집착인 애착을 덜어내면 남는 건 삶에 대한 여유와 관조적인 태도를 갖게 된다. 이 시집에서 읽을 수 있는 것은 넉넉함과 여유로움이다.

시집은 전체 3부로 나뉘고 있는데 제 1부에는 생활 속에서 건져 올린 삶의 편린들이 정감적으로 묻어나는 시편들로 구성되어 있다. 시적 제재도 흔히 우리 주변에서 발견할 수 있는 일상성 가운데에 있다. 그러기에 친근감을 주고, 일반인들의 생각 범주 밖으로 벗어나지 않는다.

그대 있기에
혼자 있어도 사진첩을 들추지 않는 뜻은
바람을 불러 들여 춤추게 하고

별빛을 안겨주어
낮과 밤의 조화를 일깨운다

빛을 깔아 꽃과 새들을 보여 주고
주선해 준다
그림을, 시를, 노래를 주워
식탁에서 벗어날 수 있는
청명한 구실을 만든다

그대는 찬란한 자리에
계절의 힘을 끌어다 영글게 하고
한껏 꿈을 즐길 수 있게 해 준다
그대 투명한 영혼에 허리 펴
푸른 입맞춤 보낸다

「창」 전문

우리 곁에서 흔히 만날 수 있는 창은 밖의 세계와 교통하는 가까운 통로다. 어떤 실내 장소에 들어갔을 때 자신도 모르게 창 가에 자리를 잡는 것도 바로 바깥세상과 교감을 나누기 위해서다. 창 가에 자리가 없다면 창이 조금이라도 더 가까이 있는 곳에 마련한다. 그것은 왜 그럴까? 우선 창밖의 풍경을 가질 수 있다. 그것이

어떤 풍경이든 내 시선 안에 둘 수가 있다는 것이다. 볼거리가 생기는 것이고 그것으로부터 고독하지 않을 수 있는 위무를 받을 수 있기 때문이다.

이 시에서 시적 화자도 창을 사랑한다. 익숙한 실내와는 달리 수시로 변화하는 바깥 풍경을 가져다주는 창이 있어 더 바랄 수 없는 행복감에 젖어 든다. 창을 가졌다는 것은 창에 비치는 모든 풍경을 가졌다는 말과 같다. 창으로 바람을 불러들이고 별빛도 가져다준다. 그리고 창은 우주의 시간을 느끼게 해주는 통로가 되기도 한다. 창은 시적 화자에게 있어서 일상의 어떤 즐거움 보다 우선한다.

그래서 시인은 창밖의 세계를 전원쯤으로 인식한다. 아파트 숲 우거진 도시가 아니라 작은 생명들이 다투어 자태를 뽐내고 있는 전원 속에 난 오솔길을 택해 산책길을 나선다. 길섶에서 만나는 들꽃과 인사하고 풀꽃들이 지니고 있을 생각들을 스스로 지어 읽어 본다.

제 2 부에서는 꽃과 사물들로부터 과거에 기억을 회상시키는 작품들이 주를 이룬다.

아카시아꽃, 하얀 들장미, 까치집, 패랭이꽃, 가을, 봉숭아, 금강초롱, 소나무, 은행잎, 벚꽃, 노을 등 우리 전래의 정서와 부합되는 그런 꽃들과 사물들로 이뤄져 있다.

안개비 걷힌 틈 사이로
하늘이 나를 보고 손짓한다
하던 일 멈추고 산책길에 나선다
들꽃이 길섶에서 하얗게 인사한다
금방 세수한 얼굴이다
어느 별에서 왔을까
오소소 모여앉아 어린왕자를 읽고 있다

누가 흘린 손수건인가
보랏빛으로 웃고 있는 제비꽃이다
살랑바람을 타고 와 흔들린다

하늘에다 음을 푸는 지휘자의 연미복
발아래 초롱초롱 눈을 뜬 보랏빛 새
초원에 이슬 한 방울 눈웃음에 구른다

「시가 있는 산책」 전문

제비꽃은 아주 작고 가냘픈 꽃이다. 관심을 가지고 살피지 않는다면 눈에 잘 띄지도 않는다. 그것을 발견하는 것은 시인의 눈이 아니면 어렵다. 보랏빛으로 풀숲 사이로 고개를 내민 꽃에게 온갖 찬사를 덧붙인다. 누가 흘려놓은 손수건이 아닌가하며 은근히 기대도 하고, 어느

악단을 지휘하는 지휘자의 연미복이라 명명하기도 하고, 밝고 또렷하게 눈을 뜨고 쳐다보아주는 한 마리 새라 부르기도 한다. 그러나 그것은 언제나 작은 이슬방울과 같은 가냘픈 존재임을 깨닫는다. 넓은 초원에 떨어진 이슬과 같은 존재, 그 힘없고 작은 생명에게 눈웃음을 보내주며 걷는 산책길은 내 생의 활력을 뭇 생명들로부터 받는다. 결국 우리 생이 전개되는 건 내가 선택한 산책길과 같은 것이고 그 길 위에서 만난 무수한 생명들과의 교감이 아닌가. 시인은 그것을 꿈꾼다.

한 낮에 불도저가 하늘을 민다
눈치보다 챙긴 전봇대 위의
작은 우주는 흔적이 없다
해산달이 가까워지는데
아득하다
아이들 키울 방 한 칸이라도
만들어야 될텐데
지팡이가 보인다
저 곳에라도 지어볼까
할아버지가 무섭다

'애들아 나는 너희들 편이란다'

「까치집」 전문

개발붐을 타고 도시 인근 산지가 잘려져 나가고, 전봇대도 뽑혀지는 일이 다반사다. 시인에게는 전봇대 뽑힌 것은 문제가 되지 않는데 전신주 위에 집을 짓고 사는 까치네 부부가 더 걱정이다. 특히 곧 새끼를 칠 때가 되어서 더 걱정이다. 시적 화자는 곧 까치 이야기가 남의 이야기가 아닌 인간의 이야기가 되어 감을 느낀다. 그리고 까치는 집이 헐리면서 다른 곳에 집 지을 공간을 찾는다. 그것이 앉아 있기도 힘 든 지팡이 끝이라는 데 문제가 있고 그것도 근심거리를 안고 있다. 무서운 할아버지라서 그곳에 집짓기를 허락할 것 같지가 않다. 그렇게 망설이고 있을 때 할아버지는 까치에게 안심시킨다. 너희들이 내 지팡이 끝에 집을 짓더라도 쫓아내거나 나무라지 않겠다는 뜻을 전달한다. 까치에게는 얼마나 반가운 말씀이던가. 그렇게 어려운 시기를 보내야 했던 시적 화자의 젊은 날의 궁핍함이 까치부부와 겹쳐 따뜻한 연민을 갖게 된다.

시인의 산문은 까치를 시적 소재로 삼은 이유를 적고 있다. 우리나라는 전래적으로 까치를 길조라 생각하는 편이다. 그래서 까치가 울면 반가운 소식이나 손님이 온다는 의미로 해석된다. 전쟁에 끌려가신 오라버니를 기다리는 어머니가 반가운 소식을 기다리던 차에 까치가 우는 걸 반갑게 쳐다보는 어머니 영향을 받아 시인도 까치를 좋아하게 되었고, 어머니는 까치가 울어도 아들 소식을 전해 듣지 못함에 방문을 닫고 깊은 시름에 빠지는 모습이 무척이나 안타까웠다.

고추잠자리떼 오가는 만주 벌판에서
억새 무리는 바람에 너울대며 한을 토하고
선구자의 눈물로 키를 세우며 조국을 부른다
가을 하늘에 얼어붙은 별자리를 더듬으며
괴나리봇짐 따라 손을 흔들던 어머니의
그림자 달무리 속에 갇혀 하얗게 떨고 있다
실핏줄 도리깨질은 쉴 줄 모르는데
빈 수레만 언덕에 앉아서 목매게 울고 있다

「언덕에서」 전문

이 작품은 요절한 시인 윤동주를 생각나게 한다. 만주 용정에는 가곡 선구자의 가사처럼 일송정이 있다. 일송정은 큰 길에서 조금 들어가는데 그곳 삼거리 언덕에 앉아 보면 어디선가 말 달리는 소리가 들려오는 것 같다. 아니면 선구자 노래가 들려온다. 독립 운동을 하러 떠나는 아들을 배웅하는 흰옷 입은 어머니 모습이 떠오른다. 물론 환청이고 환각이다. 시는 이렇듯 많은 상상력을 만들어 새로운 경험을 느끼게 한다. 시가 자유로운 건 바로 상상력 때문일 것이다. 시는 시인도 자유롭고 독자도 자유롭게 한다.

3부는 가족관계 즉 어머니, 큰오라버니, 언니, 새언니, 아우, 외손녀, 고향과 어린 시절에 겪었던 기억하고 있는 중대사에 관한 시편들을 엮었다. 오빠들과 언니와 그리고 새언니가 될 사람에 대한 어릴 적 순수했던 기억들을 수를 놓듯 직조해 내고 있다. 서사는 몇 가지 안 되지만 시인에게 남겨진 의미는 크다. 그것이 자신의 인격형성에 지대한 영향을 가지고 있기 때문이다. 아슴아슴 희미한 기억들 속에서 더욱 또렷하게 생각나는 건 언제나 가슴에 묻고 살아왔던 아쉬웠던 순간들일 것이다. 이들 작품들은 서로 연결고리를 지니면서 가족사에 관련된 서사구조를 지닌다. 일제 침략 하에서 어린 시절 겪었던 일들에 대한 개인사적인 이야기지만 우리 민족이 함께 아팠던 기억이어서 충분히 공감대를 만들어 준다.

우리 집 하늘에 달뜨는 밤이면
오라버님과 툇마루에 나와 앉아
토끼가 빚은 송편을 먹는다
옥도끼로 다듬은 초가집 한 채
안마당에 박꽃처럼 내려앉는다

오라버님 면회에서 돌아온 봇짐
체온을 만지며 늘 아들로 껴안으시던 어머니
시베리아로 영어의 몸이 되어 끌려 간지
반세기 하고도 얼마나 되었을까

피말리던 어머니 이승을 하직하고
그리움의 끝을 맺는 기다림은
언제나 눈물샘 바닥으로 처졌지
단발머리 누이는 여덟 손자의 할머니가 되고
흐릿한 눈빛으로 바라보는
동강난 땅 덩어리에
생사의 소식이라도 묻고 싶은 욕심은
삼팔선 하늘로 발돋움했지

"고운 꿈을 간직하여라"

동화책을 사탕처럼 주시던 오라버님
실낱처럼 흰 머리 엉키며
철길 따라 달려오는 밤이면
어둠만 만지다 날이 새고
오래된 괘종시계가 까치소리로 운다

「큰 오라버님」 전문

어릴 적 툇마루에 나란히 앉아 '고운 꿈을 간직해라' 며 오빠가 들려주던 이야기를 듣고 자란 시적 화자는 어머니가 투옥된 오빠를 면회 다녀온 밤이면 오라버니의 옷보따리를 보듬고 잠들던 어머니에 대한 기억으로 옮겨가고 그 오라버니가 영어의 몸이 되어 시베리아로 끌려가고 난 뒤 소식을 알 길이 없는 상태에서 어머니는 눈물샘으로 아들이 돌아오기를 기다리다가 끝내 돌아오는 걸 보지 못하고 세상을 떠나게 된다. 그때 툇마루에서 오라버니의 이야기를 듣던 어린 소녀는 벌써 팔순이 넘어 그때 소녀 아이만한 손녀를 두게 되었다. 오라버니의 소식만이라도 듣고 싶은 간절한 바램은 이산가족의 한스런 모습을 보이면서 남북분단의 아픔마저 끌어 들인다. 오라버니에 대한 지울 수 없는 기억이 어린 시절의 가족사로 분단의 비극과 함께 안타까움으로 그려진다. 이런 안타까움은 언니에 대한 회상도 마찬가지다. 북녘에 두고 온 언니가 못내 아쉽고 안타까운 것이다.

희디 흰 모시적삼
박꽃인가 싶었더니
화사한 치맛자락 연꽃인가 하였네
박꽃과 연꽃이라도 언니만은 못했네
살포시 눈을 뜰 땐 초승달 눈매하며
잔잔한 말씨 속에 고향마을 비쳤네

화문석 펴고 앉던 날 흡사 엄마였네

「언니생각」 전문

어린 시절 자신이 느꼈던 언니의 모습을 그려낸 작품이다. 모시적삼을 입고 앉은 언니는 박꽃보다 더 아름답고, 연꽃보다 더 화사했다. 그런 언니의 모습이 아름다워 보이는 건 엄마를 닮아서였기 때문이다. 말씨에서 고향을 떠올리게 하고 초승달 눈매를 가진 언니는 잔잔한 모습이 꼭 엄마의 모습이었던 때문이다. 그러기에 언니는 아름다운 자태로 영원히 기억 속에 남아 있게 된 것이다. 그것은 언니가 남쪽으로 내려오지 못한 안타까움에 더더욱 짠한 마음에 지워지지 않는 상처로 남아있는 것이라 본다.

그 때 소녀는 창가에 서서
파란 하늘에 글 읽어간다
소년이 빌려간 책
갈피 속에 끼워 보낸
빛바랜 쪽지를
상쾌한 아침 하늘에
참새 두 마리 정답게 날아간다
새를 닮은 너와 나

「소년의 세레나데」 전문

이 작품은 가족 이야기에서 다소 벗어난 어쩌면 첫사랑에 대한 기억이 될 수도 있겠다. 멀리서 연민의 정을 품고 로미오와 줄리엣처럼 그렇게 적극성을 띄지는 않았지만 책을 빌려 가고 그리고 돌려 줄 때 책갈피 속에 사연을 적어 주고 받곤했던 그걸 어쩌면 사랑이라고 불러야 할 것인가. 그 시대를 살았던 청춘은 드러내 표현하지 못하고 가슴앓이를 하며 혼자 안으로 삼켜야 했던 사랑 하나쯤은 가지고 있을 것이다.

뒤에 붙인 산문에 '한 번도 답장 쪽지를 보낸 적은 없었으나 그리 싫지는 않았다. 지금 생각하면 오래 된 옛날 얘기다' 고 하지만 지금껏 비교적 선명하게 기억하고 있는 모습에서 그냥 오래된 이야기로 머물고 말 성질은 아닌 것 같다. 소년이 일방적으로 쪽지를 보내오고 거기에 답장은 하지 않았지만 소년에 대한 소녀의 애틋한 감정은 시 한편의 아우라에서 풍겨나는 사랑을 감지해 낼 수 있을 것이다.

이상과 같이 읽혀지는 대로 몇 편의 시를 감상해 보았다. 쉽게 읽혀지는 작품들이며 특히 산문이 시작노트 역할을 하고 있어 시의 이해에 도움을 준다. 시가 우리 삶에 어떤 역할을 하는 가에 대한 답은 차치하고라도 시를 쓰는 이유는 바로 자신에 대한 탐구라는 것이다.